서인석 시집

그대에게 할 말이 있어

저 시집 속에 무슨 할 말이 있을까?
세상에는 많은 사랑 이야기가 있다
로미오와 줄리엣처럼 사랑에 빠진 그들에게
희망의 메시지를 전달하고자
아마도 이 시인은 그려내지 않았나 싶다
우리가 서로 사랑하면서 행복한 세상을 만들어가는 과정이
이 서정적인 시를 통하여 많은 사람에게 위안이 됐으면 합니다.

도서출판

■ 책을 펴내면서

 "기다림" 은 얼마나 아름다운 글귀인가 세 번째 시집을 준비하면서 많은 기다림을 가졌다 기다린다는 것은 아름다운 세상을 그려나갈 수 있으며 또한 나 자신을 발전 시킬 수 있는 계기가 된다 누구나 고운 시향을 그려내 독자에게 인정 받기를 갈망하고 또한 노력을 들이지 않고는 그것을 충족시켜낼 수 없다. 시를 창작 활동하면서 시상을 그려내기 위하여 많은 여행을 다닌다 머릿속으로 떠오르는 무언가 있으면 바로 노트에 기록하는 습관을 지닌다 좋은 시상과 아이디어가 떠오르거나 하면 시인은 힘이 되어 글 쓰는 자체가 즐겁다 이렇듯 하나의 시상이 떠오르면 자연스럽게 다음 제목이 설정되어 시의 완성도를 높여간다 어떤 목적을 사용하고 글의 주제와 성격에 따라 다양하게 펼쳐지게 되지만 독창적이고 독자들에게 흥미롭지 않으면 사랑을 받지 못하는 것이 현실이다
 "시는 노력이다" 노력이 없으면 좋은 시가 탄생할 수 없듯이 독자들에게 사랑을 받지 못한다 소설 작가로 활동한 스티븐 킹은 이런 말을 하였다 "예술적 영감의 신 뮤즈가 여러분의 책상에 너울너울 날아들어 타자기나 컴퓨터에 마법의 가루를 뿌려주는 일은 결코 없다고 단언했다." 예술가들에게 영감과 재능을 불어넣

는 예술의 뮤즈 여신은 쉽게 마법의 가루가 뿌려지는 것이 아니라 상상과 명상을 통하여 노력과 노동의 시간이 있어야 좋은 영감이 떠오르는 것이다
스티븐 킹은 세탁 공장, 건물 경비원에서 세계 최고의 베스트셀러 작가로 단편들을 쓰며 활발하게 작품 활동을 했다 킹은 가난한 집안에서 태어나 생세를 위해 세탁 공장 인부와 건물 경비원 일을 하면서 1971년 작은 공립학교의 영어 교사로 재직했지만 급여가 적어 공과금 및 카드에 감당하지 못하여 각종 성인잡지에 단편 소설을 싣고 그 돈으로 밀려드는 청구서들을 해결해야만 했다고 한다 이렇듯 하나의 작가가 된다는 것은 배고픈 직업이며 힘든 삶의 역경이다

   삶의 변화를 주지 않으면 나락으로 떨어질 수 있다는 것을 "스티븐 킹" 은 보여주고 있다 좋은 글을 쓰는데 빠질 수 없는 것이 문장력이라고 한다 아무리 지식이 풍부하더라도 적절한 표현과 수단을 가지지 못한다면 아무 소용이 없듯이 문장력이 떠오르지 않아 시인은 고독하다. 무엇을 위하여 시를 쓰고 있을까?
나는 몇 번이고 나 자신에게 묻곤 한다 지금껏 시를 쓰면서 시란 무엇인지 시를 왜 쓰고 있는지 아직도 모르지만 내 심장이 뛰고 잊고 살아 있는 한 펜을 놓지 않을 것이다 많은 독자에게 사랑을 받지 못해도 좋다 "그냥 시가 좋다" 내 인생에 살아가는 데 있어 글은 나의 동반자이다

세 번째 시집 "그대에게 할 말이 있어" 서정적인 시를 펴내면서 무엇이 할 말이 있을까?
세상에는 많은 사랑 이야기가 있다 로미오와 줄리엣처럼 사랑에 빠진 그들에게 용기를 주고, 힘을 주고, 메시지를 전달하고 싶어서 아마도 그려내지 않았나 싶다
우리가 서로 사랑하면서 행복한 세상을 만들어가는 과정이 이 서정적인 시를 통하여 많은 사람에게 위안이 됐으면 합니다.

2017년 9월

- 낭만파시인 원평 서인석 -

목 차

책을 펴내면서

1부

영원한 별빛 사랑 ················· 12
남겨진 그 사랑 ·················· 13
설레임 ······················ 15
소중한 사랑의 꽃 ················· 16
내 마음이 머무는 곳 ··············· 17
아름다운 꽃길 ··················· 18
옛 추억의 그리움 ················· 19
아름다운 행복 ··················· 20
아득한 그리움 ··················· 22
꽃 마음 별 마음 ·················· 23
서글픈 사랑 ···················· 24
이별의 그리움 ··················· 26
천만번 사랑해도 ················· 27
사랑의 파문 ···················· 28
하늘 가득 피어나는 그리움 ············ 29
성낸 마음 ····················· 30
꽃잎 사랑 ····················· 31
따뜻한 벗 ····················· 32
그리운 날에 ···················· 33
사랑을 담은 커피 ················· 34
못다한 사랑 Ⅰ ·················· 35
사라진 눈빛 ···················· 36
진실한 사랑으로 가는 길 ············· 37
그대의 행복을 위하여 ··············· 38
그 사람의 눈빛 ·················· 40
고운 눈빛을 가진 사람 ·············· 41
가슴속에 타오르는 뜨거운 사랑 ·········· 43

2 부

사랑의 인연	46
기다릴 수 있는 이별	47
떠난 빈 자리	48
너의 그리움	49
견우와 직녀의 천년 사랑	50
고운사랑	51
꽃에 핀 사랑	52
그리운 날	53
내 안에 머무르는 사랑	54
사랑의 고백	55
가을 편지	56
내 안에 그리움	57
어느 오월의 유혹	58
너와 나	59
그대의 눈빛	60
그리움이 머무는 곳	61
정사(情事)	62
그대이었으면	63
그리운 날에	64
빈 그리움	65
기다림	67
이별 Ⅰ	68
사랑하는 그대여 Ⅰ	69
사랑하는 그대여 Ⅱ	71
고독	72
사랑은 유리 같은 거	73
고운 꽃으로 피어날 것이다.	74

3 부

영원한 사랑 ·· 76
못다한 사랑 Ⅱ ·· 77
봄날의 꽃잎아 ··· 78
봄날의 꽃처럼 ··· 79
봄의 유혹 ·· 80
언제 오시렵니까 ·· 81
화려한 봄날 ·· 83
이별 2 ··· 84
가을의 그리움 ··· 85
햇살 고운 날 ··· 86
이른 봄 ··· 87
가을의 달빛 ·· 88
겨울의 꽃 ·· 89
가을 달밤에 ·· 90
가을빛의 세상 ··· 91
첫눈 ·· 92
고요한 아침 ·· 93
계절의 사랑 ·· 94
초 겨울 ··· 95
늦가을의 사랑 ··· 96
가을의 가슴 속으로 ····································· 97
봄은 그렇게 잠들고 있을 뿐이다. ··············· 98
꽃단장 ··· 99
저녁노을 ··· 100
샘솟는 봄 ·· 101
싱그러운 봄 냄새 ······································ 102
아침 햇살 ·· 103

4 부

시인의 종자	106
현세가 아닌 내세	108
삶의 가치	109
망인(亡人)의 꽃상여	110
희망	111
덧없는 세상	112
중년의 삶	113
삶을 꿰어보며	114
입춘 [立春]	115
산막이 옛길	116
이름 없는 들꽃	118
시낭송가의 향연	119
촛불시위	121
여운(餘韻)	123
한 조각 삶을	124
어머니의 보릿고개	125
흐르는 세월	126
구름 같은 인생	127
청춘은 흘러가도	128
메르스	129

5부

어머니의 고향	132
그리운 고향산천	134
그날	136
언젠가는 떠날 세상	137
인생의 길	139
그리운 곳	141
가을의 문턱	142
인생무상(人生無常)	143
대청호	145
장미빛 인생	146
세상만사	147
도도히 흐르는 세월	148
고귀한 인생	149
외로움	150
어지러운 세상	151
우리네 인생살이	153
중년의 고독	155
덧없는 인생	156
그리운 내 고향	157

1 부

흰 구름 꽃 나래 위에
그대를 그리워하고 기다려지는 것은
사랑하기 때문입니다

그대가 안개꽃으로 다가오는 것은
아직도 못다한 사랑을 그리워하는 것이다.

영원한 별빛 사랑

푸르고 깊은 밤
땅거미 내린 하늘의 울림 속에
눈물처럼 내리는 빗방울 따라
네가 보고파서 그리워
가만히 너를 안아 보고 싶다.

뜨거운 가슴에 담은 사랑이
깊은 밤 메아리가 되어 귓가에 들린다
사랑스럽게 미소 짓는 그대여!
봄바람에 춤추는 듯 내 가슴에
보고픔이 빗방울이 되어 오셨나요

마른 대지 적시듯 피어오르는
꽃잎이 되었나요
가로등 노란 불빛 하나둘 켜지는
밤이 되면 사랑의 촛불이 되어
환하게 불빛 밝히며
영원한 별빛 사랑으로 꽃을 피웁니다.

남겨진 그 사랑

꽃잎이 지고 나면
어디로 가는 걸까?
말없이 가는 너의 뒷모습이
애처롭구나.
고운 꽃잎으로
아름답게 사랑을 피우던
봄날이 되고 싶다.

늘 곁에서
고운 꽃잎을 피우던 꽃잎아
먼 길을 떠나는 순간
뒤돌아 보지 않는 모습이
야속하고 애처로워
내 눈가에 흐르는 눈물이
빗물이 되었구나.

추억이 모두 사라져
꽃잎이 피우던 그 자리에
남겨진 그 사랑을 간직하면서
그대 창가에 햇살이 드리운 날

그대를 꼭 안아 주리라.

사랑으로 가득한 봄날
기억하며 다시 올 그날 그리며
먼 훗날 다시 밟고 오소서.

설레임

라일락 꽃의 진한 향기가
내 마음속에 들어와
사랑에 싹을 틔우고
한 송이 고운 꽃으로 피어나
늘 설레게 하는 그대여

마음속에 들어갈 수 있도록
진한 꽃내음 품어주시니
그대의 눈빛 속에 너와 내가 있어
한 송이 고운 꽃을 피우고
살며시 임의 향기 담아보리라

꽃 마음 별 마음
내 마음속으로 스멀스멀 건너와
너의 청순함과 순결함에
첫사랑의 설레임처럼
고운 연민의 정 묻어나고
싱그러운 기쁨으로 너를 사랑하리라

소중한 사랑의 꽃

내 인생 걸어가는 길목에도
고운 사랑의 향기가
순결한 한 송이 꽃이 되어
옥빛 사랑으로 품어오는 사랑아

그 어느 세상에
은빛 햇살처럼 빛나게 하고
사랑을 수놓아 주시는 이 있어
살아가는 세월이 행복합니다

뜨거운 사랑으로
서로의 가슴에 푸른 인연을 담아
아낌없는 마음으로
소중한 그대를 사랑하고 싶다

흰 구름 꽃 나래 위에
한 떨기 향기 품은 꽃으로
변하지 않는 영원한 빛깔로
아름답게 빚은 사랑의 꽃이 되고 싶다.

내 마음이 머무는 곳

그대 가슴속에서만
인연 맺어 사랑하며 살아가는
세상 어느 향기로움보다도
더 진한 사랑으로 꽃피울 수 있다면
그대의 꽃이 되고 싶다

창밖에 조용히 내리는
눈송이 하나조차 간직할 수 없더라도
내 마음속에 작은 눈송이 하나
담아 둘 수 있으면 맑은 영혼이 깃든
사랑의 수채화를 그리며 사랑하리라

내 마음 머무는 곳 어디든
그대가 있는 곳이라면 나는 좋다
그런 너를 바라보며 이루지 못한 사랑을
너의 품속에서 꽃피울 수 있다면
영원한 별빛 사랑으로 그대를 품으리라.

아름다운 꽃길

불현듯 네가 보고 싶을 때
하늘 창가에 앉아
원두커피 한 잔에 잠겨오는
은은한 향기를 마셔보며 너를 그려본다

아름다운 사랑이기에
너와 내가 만든 꽃길이 아픔이 되지 않고
오래도록 남을 수 있는
행복한 길이 당신이었으면 좋겠다

달콤한 사랑도
당신과 함께할 길이 얼마나 남았을까
언젠가는 헤어짐이 있다면
이 순간을 기억하며 사랑하리라.

옛 추억의 그리움

흰 구름 꽃 나래 위에
그대를 그리워하고 기다려지는 것은
사랑하기 때문입니다

내 영혼 속에 가두어 그리워할 때마다
꺼내보고 있는 것은
그대를 사랑하기 때문입니다

창가에 서서 말없이 찾아드는
옛 추억이 생각나는 것은
그 자리에 그대가 있기 때문입니다

달빛 출렁이는 밤하늘에도
꽃 별들이 반짝이는 것은
내 가슴에 살며시 그대의 모습이
남아 있기 때문입니다

그대가 안개꽃으로 다가오는 것은
아직도 못다 한 사랑을 그리워하는 것이다.

아름다운 행복

푸른 들녘에 피는 들꽃보다
더 아름다운 그대여
예쁜 사랑을 하고 싶은 소망들이 모여
하나의 사랑으로 스며들 수 있다면
한 떨기 향기나는 꽃길이 되어
그대와 아름다운 꽃밭을 가꾸리라

생을 살아가면서
때론 힘들고 얼룩진 상처로
그대에게 아픔을 줄 수도 있지만
꽃보다 진한 사랑을 위하여
늘 한결같은 마음으로 그 자리에
예쁜 꽃을 피우겠습니다.

하늘이 내게 주신 축복이자
아름다운 선물인 그대와 함께
매일 같이 할 수 있다는 것은
하루가 충만하고 푸른 하늘빛이 되어 줄
그대가 있어 행복합니다.

그대가 대지 위에 날 깨워 꿈꾸며

쉴 수 있는 안식처가 되어
머물러 줄 가슴이 따뜻한 그대가 있어
비바람이 몰아친다고 해도
세상에서 하늘 가득 피어나는
그대의 빛이 있어 행복합니다.

아득한 그리움

무심히 흐르는 세월
저 아름다운 달빛이 일렁이는
하늘빛이 저벅저벅 걸어 들어오고
파란 하늘 위에 얹힌 마음의 꽃구름이
새까만 구름으로 깨어진다.

달빛마저도 임의 품에 스미어 오는
그리움이 찾아드니
돌아앉은 세월만큼 아득한 그리움에
세월의 허물을 벗는다.

산빛 달빛 하늘땅 위에 서서
그리움을 노래하는구나.
아주 먼 어딘가에서 숨 쉬고 있을
모습 없는 그대가 아직도 남아 있음인가?
뜰 안에 서성이며 고독한 시간들이 흘러내린다.

깊이 가라앉은 아득한 그리움이
파도처럼 밀려오듯.
마음 한편에 숨겨놓은 달맞이꽃
밤이슬 목 축이며
오늘 밤도 그대의 달빛으로 곱게 물든다.

꽃 마음 별 마음

솔향기 퍼지듯
내 마음속에 사붓이 내려앉아
은은한 향불 품어주고
어둠 속에 빛나는 눈빛 하나 그리워
사랑은 세레나데처럼 찾아와
꽃향기에 취해
예쁜 꽃들이 춤을 추며 노래하듯
한 마리의 나비가 되어
잃어버린 행복을 타오르게 하는구나

순수하고 성스러운 그대여
메마른 가슴에 사랑의 빛이
내 안의 기쁨과 따뜻한 행복을 주며
꽃내음 품어 주시니
그대의 눈빛 속에 담아
빛 고운 하늘 아래 꽃 마음 별 마음
그대 마음속에 아름답게 담아 주리라

서글픈 사랑

찬바람이 스치듯
서글픈 사랑이
아픈 허물 하나하나 벗겨지듯
한 마리의 새가 날아들어
내 가슴을 할퀴고 간다.

겨울바람이 묻어오는
은은한 억새꽃 향기 속에
설렘을 담아 물안개 피어오르듯
꽃 피었다가 낙화해 버린
서글픈 사랑은 가끔씩 찾아와
매서운 칼바람이 스치고 있었다.

가슴 울리는 하늘 저편엔
그리움의 흰 눈이 내리고
애써 가슴에서 캐내려 하지 않아도
서릿발 내리는 겨울은
어김없이 찾아와
은빛 햇살처럼 반짝이고 있었다.

당신을 향한 그리움에

눈물 한 방울 떨굴 때 이별을 슬퍼하듯.
서글픈 사랑의 그리운 날에는...
그대가 보고 싶다.

이별의 그리움

사랑하는 사람아
이별을 슬퍼하듯 마주 서는 인연은
더 소중하고 그리운 것이 사랑이다

아물지 않는 것이
상처로 남아 더 그대가 그리운 것이
고백할 수 있는 꽃길이 있기 때문이다

사랑의 봄날처럼
그대의 숨결이 느껴오는 것은
당신의 향기가 그립고
당신의 품이 그리운 것이다

천만번 사랑해도

넓은 들판에 무르익어 가는
청명한 가을 하늘을 바라보며
내 안 가득히 스미어 오는 햇살 한 줌 떠서
그대를 생각해 봅니다.

황금빛 풍성한 것처럼
천만번 사랑해도 부족한 당신
바닷물에 휘어 적신 야위어진
당신의 피로한 모습이
한 방울의 눈물을 적시게 했습니다.

핑크빛 향기를 날리는 절정 속에
사랑의 목마름 갈증을 피워내듯.
연초록 물결 속에서 백합처럼 순결한
한 송이 꽃처럼 곱게 피어올라
당신의 마음을 항상 기쁘게 하리라

넓은 가을 들판에 너울대는
가을의 향기처럼
저~가을 하늘에 떠있는 흰 뭉게구름을
가슴으로 한 아름 받아안고
눈물로 채워가는 사랑이 아니라
삶의 의미를 채워가는 고운 인연으로
그대를 사랑하고 싶다.

사랑의 파문

빗방울이 어두운 거리를 토해 내고 있다
전신주 아래 희미한 불빛이 그림자를 그려내고
깨진 블럭 담장 사이에는
그대의 얼굴에 창백한 미소를 짓고 있다

무슨 사랑의 세레나데인가
잿빛 빗방울은 사랑의 파문을 일으키고
그대의 넓은 품에 아슬히 앉은 자리
구름도 쉬어가고 칼날 같은 삭풍이 몰아쳐도
당신을 기다려 반겨 맞노라

어두운 거리를 헤매지 마소서
빗방울이 떨어지듯 술잔에 꽃잎 하나 출렁이고
연분홍 가슴으로 마셔버리고
하늘 별이 한밭들에 내려앉아 기다릴 뿐이오.

하늘 가득 피어나는 그리움

불현듯 오늘따라
그대 생각이 많이 납니다.

사무친 그리움에
내 마음 보슬비 되어
하염없이 흐느적거리는
날에는 그대가 더욱 그립습니다.

그리운 이여!
깊어가는 저녁노을 바라보고 있을 그대여
내 가슴에 살며시 오소서

임 그리워 품어내는 날
간절한 그리움의 향기가
너와 내 안에서 피어오르듯
따스한 사랑으로 포옹하며
홀연히 빛이 되어 어둠 속으로
타오르고 있습니다.

오르지 그대 가슴속에서만
살아 쉼 쉬는 빛깔로
한 송이 꽃이 되고 싶습니다.

성낸 마음

여인아,
피는 꽃은 아름답지만
너의 성낸 마음은
시들어버린 꽃잎처럼
한 올 한 올 바람에 날리며 벗겨지는구나
감추웠던 너의 마음이
독버섯처럼 다가오니
활짝 웃음을 띤 장미꽃도
더 이상 피어오르지 못하고
바람에 날리어 밟히는구나
서럽다 서럽다.
저 소쩍새도 슬피 울며 가는 길이
외롭구나 외롭구나.
아, 추억이 서린 뒤안길에서
머언 산 바라보며 밤은 깊어만 가고
이 한밤 지새우니
서러움만 가득하구나.

꽃잎 사랑

꽃잎이 떨어지는 것은
그대를 사랑하기 때문입니다
자연의 섭리처럼
내일을 기약하기 때문에
다시 돌아올 약속은 하지 않습니다
단지, 잎사귀에 지나지 않는
그대를 사랑할 뿐입니다
새파랗고 붉고 아롱진 것들이
아직도 나의 온몸에 푸른빛에 싸여
싱그러운 비를 뿌립니다
세상의 푸른빛은 청초하게 빛나고
먼 산 위에는 푸른 옷을 입은
어여쁜 소녀가 다가옵니다
모시적삼 풀어 헤치고
붉게 물오른 여린 잎들은
꽃잎에서 벗어나 어둑한 빛이 감도는
푸른 잎을 쏟아내고
새벽을 가르며 또 다른 그대가
다가옵니다.

따뜻한 벗

무수히 빛나는 별빛 중에
하늘빛 닮은 별 하나가
하늘 가득 피어나는 푸른 꽃이 되어
내 곁으로 다가옵니다.

진줏빛 어둠의 창문을 타고
내 마음속에 스멀스멀 건너와
사랑의 빛이 피어오른다면
별빛도 달빛도 아니어도 좋소

어느날
어두운 그늘이 드리워지고
사람이 그리운 날에 살며시 찾아와
따스한 차 한잔 나누며
풍요로운 삶을 채워주는 따뜻한
벗이면 좋소.

그리운 날에

문득문득 떠오르며
꽃 내음 품어오는 그리움으로
나비처럼 사뿐 내려앉은 그대여.

오늘처럼 그리운 날에
그대 곁에 달려가 하나 된 사랑으로
그대 품이 되고 싶다.

못 다 부른 사랑의 노래
내 가슴에 달빛으로 젖어
그대의 사랑의 꽃이
그리움으로 가득 스미어 온다.

사랑의 갈증을 풀어내듯.
어둠 속으로 다가오는 그대여
은하수 꽃밭으로 피어올라
영원한 별빛 사랑으로 피어오르고 싶다

사랑을 담은 커피

햇살 좋은 봄날에
음악이 흐르는 조용한 카페에 앉아
원두커피 한 잔을 마셔본다.

원두커피 잔속에 님을 그리며
문득, 생각나는 사람을 담아본다.

그대와 나눴던 사랑 이야기
오랫동안 훈훈한 기억으로 남아
독특한 향기가 전해온다.

마음에 담긴 커피 한 잔에
그 달콤한 커피 맛을 잊을 수 없어
추억이 서려 있는 그 자리에 앉아
사랑과 추억을 마셔본다.

못다한 사랑 Ⅰ

먼 훗날 그대가 그리워지면
나는 나비가 되어
그대의 아픈 눈물을 씻어주리라

꽃이 물을 떠날 수 없듯이
아직도 사라지지 않는
고귀한 사랑의 빛이 있다면
내 심장이 타 오르고 있을 빛을 내려
그대를 그리워할 것이다.

그대가 보이지 않아도
들리지 않아도 만질 수도 없어도
내 심장이 뜨겁게 뛰고 있다면
너와 나의 사랑만은 내 마음속에
오래 남아 있기를...

사라진 눈빛

뒤돌아보는 지난 세월에
외로움이 병풍처럼
둘러싸여 있던 날 살며시
내 둥지로 날아들었던 새야
이제 화려한 봄날이 찾아 왔건만
아름다워야 할 꽃들이
내 마음속에 상처로 남아
봄날의 소리는 들리지 않는구나.

이별이 아플수록 마주 서는
인연은 더 소중하지만
사라진 눈빛 속에 너의 맑은
눈빛을 찾을 수가 없으니
물거품처럼 흩어져 오는 사랑은
파도처럼 일렁이며
돌아앉은 날 우울함이 모여
허허로운 마음이 가득하구나.

진실한 사랑으로 가는 길

사랑하는 그대들이여,
한 떨기 예쁜 꽃으로 피었다가
쉽게 시들어 버리는 사랑을 하려거든
깊이 사랑하지 말라
상처로 남아 아픔이 뒤따르니
달빛에 얼룩진 세월만큼
내 안에 머무르는 그리움의 아픔이
소리 없이 찾아옵니다.
흔들리는 마음이 너와 내가 될 수 있으니
진실한 사랑의 꽃이 활짝 피어 있는지
마음으로 사랑하라
사랑의 향기가 없으면 꽃이 피어도
죽은 꽃과 같으니
그대의 마음속에 향기가 있는지 느껴보라
늘 진실한 눈빛으로 사랑하며
가는 날들이 기쁨으로 채울 수 있는
사랑으로 쌓여가는 사랑의 무게처럼
아름다운 사랑의 꽃을 피운다면
함께 하는 그 길이 외롭지 않으니
향기로운 꽃으로 사랑하는 사람에게
사랑한다고 매일같이 고백하라.

그대의 행복을 위하여

하늘이 내리는 세상에
사박사박 걸어온 세월 속에 바람의 등을 타고
사랑은 그렇게 소리 없이 찾아왔습니다.

내가 당신에 있어 행복이었으면 좋겠습니다.
가는 그 꽃길이 그대에게 걸림돌이 된다면
주저 없이 그대를 보내 주리라

내가 만일 그대에게 상처와 아픔을 준다면
그대와의 뜨거운 사랑을 미련도 아픔도 없이
주저 없이 그대 곁을 떠나가리라

그대가 만일 나를 사랑하지 않았다면
내 가슴에 시퍼런 멍울이 진다고 하여도
아픔 고통 슬픔까지도 내가 가져가리라

그대와 인연 맺어 사랑하며
살아가는 그 꽃길이
너와 함께 웃을 수 있는
행복한 길이면 좋겠습니다

서로 사랑하며 가는 길이 어찌 쉽게 갈 수 있으리
때론 아픔 고통까지도 견딜 수 있어야
아름다운 행복의 문으로 들어갈 수 있지 아니한가?

쉽게 무너져 버리는 사랑이라면
그것은 사랑이 아니라 풋 사랑에 지나지 않는
빈 껍데기 일 뿐이다.

그 사람의 눈빛

말을 하지 않아도
선한 웃음으로 다가오는 사람

그 사람의 눈빛만 봐도
느낄 수 있고 격이 없이 대화를
나눌 수 있는 아름다운 사람

물과 바람 같이 늘 변함없이
맑은 눈과 깊은 마음으로
한결같은 마음으로 다가오는 사람

내 속내를 다 드러내지 않아도
그 마음을 느낄 수 있고
헤아려 줄 수 있는 가슴 따스한 사람

오늘처럼 흐린 날에
햇살 같은 미소를 떠오르게 하는
그런 사람을 내 가슴에 품고 싶다.

고운 눈빛을 가진 사람

당신의 모든 걸 내게 주웠으므로
나보다 먼저 그대를 사랑하겠습니다.

내 삶이 주인공이 그대이듯
그대가 쉴 수 있는 안식처가 되어
언제든지 머물 수 있는 따뜻한 그런 사람으로
당신 곁에 있겠습니다.

향기로운 삶으로 꽃피울 수 있다면
그 어떤 고난에 연속일지라도
부끄러운 사람으로 남지 않겠습니다.

그대를 위해서라면
언제나 당당하게 맞설 수 있는
고운 눈빛을 가진 사람이 되겠습니다.

내게는 가장 소중한 그대
들판에 들꽃처럼 말없이 피었다가
바람처럼 사라져 가는 풋사랑이 아닌
든든한 버팀목으로 당신 곁에 서 있겠습니다.

그대가 있으므로
내 삶을 살아가는 동안
이 가을 하늘빛처럼 새 희망을 담고
언제나 맑은 햇살에 깃든 사랑의 눈빛으로
아름답게 그리며 살아가겠습니다.

가슴속에 타오르는 뜨거운 사랑

모래성을 쌓으면 쌓을수록 사랑은 깊어지는 것
장밋빛 가시로 찌르면 찌를수록 아픈 것이 아니라
상처 난 부위를 소독해 주는 것이다.
그대 안에 담고 사는 것이 때론 짐이 되기도 하지만
깊어진 사랑은 내려놓으면 놓을수록 서로에게
더 아픈 상처만 남을 뿐이다.

잎 새에 이는 바람에도 떨어지지 않는 것은
가시나무 새처럼 뜨거운 사랑이 있기 때문이다.

사랑은 불타는 연기처럼 사라지는 것이 아니라
사랑이 머무르는 것은 가슴속에 타오르는 뜨거운 사랑과
향기 속에 설레 이는 가슴마다 화사한 사랑으로
가을꽃을 피우는 그대의 손길이 있기 때문이다.

2 부

불현듯 네가 보고 싶을 때
하늘 창가에 앉아
원두커피 한 잔에 잠겨오는
은은한 향기를 마셔보며 너를 그려본다

사랑의 인연

고운 은빛 햇살처럼
뜨거운 사랑으로 머무는 인연
하룻길의 삶의 의미를 채워 주며
가는 소중한 그 길이
당신의 꽃이 되고 싶습니다

수많은 세월이 흘러도
늘 변하지 않는 영원한 사랑으로
오르지 그대 가슴속에서만
피어오를 수 있는 한 떨기 꽃으로
하늘 가득 피어나고 싶습니다

그대와 인연 맺어 사랑하며
가는 그 길이 함께 엮어 가는
밤 하늘보다 더 빛나고 청초한
새벽처럼 맺힌 이슬의 꽃내음 간직하며
너만의 사랑이 되고 싶다

기다릴 수 있는 이별

수많은 세월이
그대를 울게 하고 있나요
소리 없이 가려거든
내 마음도 가져가다오
그때그때 소중한 인연들
내려놓고 가지 말고
다시 만날 흔적을 남기고 가세요
아픔이랑 던져 버리고
기쁜 일 생각하며
문을 활짝 열고 기다릴게요

떠나는 그대의 뒷모습은
다시 돌아올 것을 알기에
나는 기다린다오
온종일 창밖을 바라보며
그대의 모습을
저 구름 위에 그려 넣을 때
구름을 타고 오세요
바람도 아닌 눈도 아닌
흰 구름 타고 오세요

떠난 빈 자리

한 마리 새가 날아들어
긴 세월 동안 머물다가
홀연히 떠난 새야
달빛도 별빛도 그리움에
사무쳐 이 한밤 지새우니
귀가에 흐르는 눈물은
큰 강물을 흐른다.
새벽 창에 움튼 간밤의
달빛도 별빛도 떠난 자리에
허허로움만이 가득하니
이내 마음 어이할꼬.
휑하니 혼자 부는 바람이
덩그러니 홀로 남아 외롭습니다.

너의 그리움

가버린 사랑은
다시 오지 않고 가슴으로 그리워
상처로 남으니
사랑할 날이 얼마나 남았을까
기다리지 말고
기다릴 수 있는 시간만큼만 사랑하라

마음속에 그리움을 가득 채우고
울고 있는 사람아
내 안에 너를 가두고 그리워 하는 것은
너의 체온을 느끼며
내 몫으로 주어진 인연 안고
내게 있는 작은 행복을 그리워 하는 것이다

견우와 직녀의 천년 사랑

일 년을 기다릴 수 있는 시간은
산 넘어 산 넘어 골짜기 흐르고 또 흘러
먼동이 뜨는 해처럼
지는 해도 찬란하게 빛나고 까만 밤하늘에는
무수히 많은 별들 속에 일곱 개의 곱고 고운
북두칠성은 유난히도 밝아 은하수의 길은 열리고
까마귀와 까치는 하늘 위를 수놓고 있다
그대들의 사랑은 오작교에서 사랑을 꽃피우니
부슬비가 한없이 내리는 비는
상봉하여 흐르는 기쁨의 눈물이요
그 이튿날 새벽에 내리는 비는
이별의 슬픈 눈물이요
아~ 이들의 이별이 어찌하여 천 년을 이어지니
짝 잃은 슬픈 눈물이로다
하늘에 꿈길처럼 펼쳐진 수정처럼 맑은 영혼들이여!
여명이 어둠에서 깨어나 영롱한 이슬을 품고
다시 깨어나리라
은빛 게으름별도 금빛별이 되니
흐릿한 불빛에 돌아앉은 대왕별도
동쪽과 서쪽이 아닌 하나의 다리가 되게 하네.

고운사랑

영혼의 안식처를 주는 그대여,
첫해가 떠오르는 태양처럼
가장 먼저 내 마음속에 들어와
따스한 손길로 아침을 맞이합니다.

창가에 홀로 앉아 따스한 커피 한잔으로
김이 서린 창가에 당신의 얼굴을 그리며
오늘도 당신의 노예가 되어
그대의 영혼 속에 나를 가두노라.

이루어질 수 없는 사랑이어도 좋으리
이 세상 아무도 모르게 피어오르는
사랑이어도 좋으리
한 사람이 한 사람을 사랑하는 일로
마음 아파도 좋으리

서로 사랑하며 가는 날들이 큰 기쁨으로
밤하늘 별빛처럼 영롱함인 것을...
너만이 부를 수 있는 이름 하나 있다면
가슴 속에 오래도록 남을 수 있는
고운 사랑이 되리라.

꽃에 핀 사랑

햇살이 가득한 날
내 마음속에 가득히 담아
어두운 그늘이 드리워지는 날
살며시 꺼내어 슬픔의 눈물을
닦아드리오리다.

꽃에 핀 사랑은 아름답지만
슬픔으로 핀 사랑은
쉽게 떨어져 영원히 피울 수 없습니다.

아름답게 꽃피운 사랑에
아픈 상처만 남는다면
그 꽃은 아름답지 못하여
바람이 불면 쉽게 날아갑니다.

마음속에 새긴 사랑은
그리움으로 다가와
풀잎 스친 바람에도 흔들리지 않고
영원히 마음속에 남아 사랑하리라

그대 마음속이 갈대라면
나는 흔들리지 않는 장미꽃이 되리라

그리운 날

눈부신 가을 햇살에
늘 만남을 그리워하며
단풍잎 책 갈피에 끼워넣어
예쁜 사연을 사랑하고
내 그리움이 되어
나만의 가슴에 새겨 그대를
사랑하리라.

헤이즐넛 커피 향처럼
그윽한 향으로 피어오르는
그리움이 머물고 있어
이 가을이 외롭지 않으면
흰 구름 꽃 나래 위에 사랑을 실어
그대에게 전해주리라.

내 안에 머무르는 사랑

하늘빛 수놓은 사랑으로
햇살 한 줌 떠서 흰 뭉게구름으로
흰 장미꽃을 피웁니다

언제나 내 마음속에 머무르는 생각 끝에는
당신의 향내가 묻어나고
라일락 꽃보다 진한 사랑으로 잉태된
하나의 여린 분신처럼 다가옵니다

이 세상 살아가는 날 동안
환한 웃음 햇살처럼 빚어 맑은 영혼에 깃든
아름다운 사랑으로 그대만이 부를 수 있는
사랑이 되고 싶다

사랑 이 두 글자만으로도
행복할 수 있는 이 아름다운 계절에
천상의 꽃 별들이 엮어내는 이야기보다
더 아름답고 짙은 사랑으로 꽃피우고 싶습니다.

사랑의 고백

함께 있으면 좋은 사람이 있습니다.
늘 곁에 있으면 웃음과 축복이 있으며
아름다운 행복이 있습니다.

서로 애처롭게 바라보는 시선이 있고
가장 아름다운 꽃 장미가 피어나듯이
그대 곁에 머물러 있으면 충전이 됩니다.

늘 그 모습 그대로 맑은 샘물이 솟아나는
진실한 눈빛 그런 사랑이 되어
한 떨기 꽃으로 은은하게 피어오르는
사랑이 되고 싶다.

서로 아끼며 서로 사랑하며 가는 그 길이
슬픔이 되지 않고 찬란한 보석이 되어
가슴으로 묻어나는 향기로운 행복이 되어
영원히 꺼지지 않는 불빛이 되고 싶다.

따스한 봄볕을 타고 오는 것처럼
늘 포근하게 다가오는 너의 품이 언제나
맑은 시냇물이 흐르는 것처럼
인생의 동반자가 되어 가는 그 길이
행복했으면 좋겠습니다.

가을 편지

깊어가는 낮 달도
보일 듯 말 듯.
서서히 저물고 있는
가을 하늘 아래
임이 그리워 가을 편지를 씁니다.

떨어진 잎사귀 불러 모아
퍼즐 맞추듯.
하나둘 꺼내어
그대와의 추억들을
그리움으로 담아 편지를 씁니다.

세월 흐름 속에서도
잊혀 지지 않고
내 마음속에 남아 있는
가을의 추억을 그리워하며
또 다른 계절을 그리워하겠습니다.

내 안에 그리움

기나긴 겨울 가슴에 품은 햇살
햇살이 떨군 이슬 되어
찾아오는 그리움에 일렁이듯.
한 점 불씨 지펴본다.

은은한 님의 향기
달빛에 젖어 쓸쓸함이 밀려오고
어둠을 불러 모으는 휘파람 소리는
먼 허공 속으로 숨어버립니다.

이른 새벽 둥지에서
솔솔 한 바람결에 시린 입김 토해내고
그리움의 속삭임은 내 영혼 속으로
파고들어 그대가 더욱 그립습니다.

어느 오월의 유혹

웃음꽃이 활짝 퍼지듯
붉은 빛깔로 피어낸 장미야
검붉은 벽돌 담장 사이로 고개 내민
오월의 여왕답게 화려한 꽃이
매혹적인 눈빛으로 유혹하고 있구나.

붉은 여린 잎으로 피어낸 장미야
유혹하지 마라.
독한 가시에 찔러 상처 입고 싶지 않다
너의 향기에 취해 돌아설 수 없는 나를...
유혹하지 마라.
다만, 먼 발취에서 바라볼 뿐이다.

내 마음속으로 스멀스멀 건너와
꽃 마음 별 마음 하나 남기고
언젠가는 향기를 잃어 가는 모습을
아쉬움을 아파하며 상처로 물들고 싶지 않다.

너와 나

이 세상을 살아가면서
힘든 일이 있으면 위로 한 마디 해주는
친구가 너와 나 이기를...

이 세상을 살아가면서
슬픈 일 있으면 따뜻하게 안아주는
친구가 너와 나 이기를...

이 세상을 살아가면서
말 못 할 고민을 털어나도 내일처럼
앞장 서주는 친구가 너와 나 이기를...

이 세상을 살아가면서
너와 내가 있어 힘이 되고
살 맛 나는 삶을 꿈꾸는 내일이 있어
희망에 등불을 밝혀주리라.

그대의 눈빛

세상 어느 것보다

청초한 새벽처럼 더 빛나고

보석처럼 아름다운 눈빛을

가진 그대여,

웃음 짓는 그 모습이 싱그러워

애절한 나의 눈빛이

별빛처럼 살아 있음을

그대는 아실까?

네가 좋아 살포시 안아보고 싶다.

그리움이 머무는 곳

그대가 그리워지면
알 수 없는 고독이 밀려와
가슴 깊은 곳에 간직한 그대 모습이
내 마음속에 보슬비가 되어
비를 뿌리고 있었다.

우울한 눈빛이
너를 향한 그리움이 쌓여
낮에는 고독이 밀려오지만
저녁이 되면 눈부신 태양빛에 가려진
그대가 더 그립습니다.

어둠이 내리는 까만 하늘 저편엔
그리움의 비가 되어 내리고
아름다운 눈물 한 방울 떨굴 때
가득히 스미어 오는 그리움에
그대가 더 그립습니다.

정사(情事)

여인의 사랑에 속삭임이
청순함이 전해오듯 귀전에 들린다
그녀의 각선미는
꽃향기 내뿜듯 여심을 드러내고
목덜미에서 흐르는 곡선은
숨결이 타들어가듯 항구의 고동 소리는
그대의 마음속으로 파고들었다.

홍시처럼 솟아오른 그곳은
짜릿한 여심을 품어내고
배꼽으로 흐르는 시냇물 따라
물은 고이고 앵무새 한 마리가
사붓이 내려앉아 사랑을 품어주며
애무하고 있었다.

넘칠 듯이 고여있는
맑은 수정 채 안 샘물에는
향기에 취하듯 청순함과 순결함에
깊은 웅덩이로 물 흐르듯
조여 오듯이 받아들이는 입구에선
이미 절정에 달아올라 황홀한 달밤은
산 등선을 내 달리고 있었다.

그대이었으면

단, 하루만이라도
그대의 입가에 미소 짓는
그대이었으면 좋겠다.

단, 하루만이라도
내 안에 수놓은 사랑으로
영원히 담아준 고운 사람으로
기억됐으면 좋겠다.

단, 하루만이라도
아픔도 슬픔도 없는
늘 고운 빛깔로 피어나는
그대이었으면 좋겠다.

그대와 함께 엮어가는
오늘의 삶이 아름답게 피어올라
웃음꽃이 피어나는
그대이었으면 좋겠다.

그리운 날에

문득문득 떠오르는
향기로운 그리움으로
나비처럼 사뿐 내려앉은
그대여!

그리운 날
그대 가슴으로 달려가
하나 된 사랑으로
그대 품이 되고 싶다.

못 다 부른 사랑의 노래
내 가슴에 달빛으로 젖어
그대의 사랑의 꽃이
그리움으로 가득 스미어 온다.

사랑의 갈증을 풀어내듯.
서로의 빛을 내며
은하수 꽃밭으로 피어올라
이별을 하지 않는
영원한 별빛이 되고 싶다.

빈 그리움

오늘처럼
비가 내리던 날에는
한줄기 비바람이 되어
소리 없이 떠돌다가
그대 계신 하늘 창가에
내 그리움을 놓아두고 싶다.

빈 그리움이 될지라도
문득문득 떠오르는 기억 속에
작은 흔적 한 조각이라도
그대의 품속에 자리 잡고 싶다.

어느 세상 어느 곳에
또 다른 인연을 만나
그대가 둥지를 틀고 있어도
나를 그리워할 수 있나요

내 가슴에 새겨진
못다 한 사랑이 멍울진다 하여도
민들레 홀씨 하나 되어
그대 품으로 날아가고 싶다.

먼 훗날
흰 구름 꽃 나래 위에 사랑을 실어
그대 가슴으로 달려가
먼 허공 속으로 숨어버린
그대를 언제나 꺼내 보고 싶다.

기다림

햇살이 살며시 들어온
어느 카페 창가에 앉아
원두커피 한 잔에 잔잔히 흐르는
음악을 틀어줘고 그대를 기다립니다.

창밖에는 하얀 눈이 옵니다,
그대를 기다림 속에서
하얗게 내리는 흰 눈을 바라보며
초조한 시간 속에서 그대를 기다립니다.

창가에 서려 있는 서리를
손가락으로 그림을 그리듯. 딱아내고
동그라미 그리며 그대가 오는지
방긋, 창밖을 바라보며
지루함을 잊은 채 기다립니다.

흰 눈을 덮어쓴 채로
그대가 다가와 "많이 기다렸지" 하면서
환한 웃음 지으며 다가옵니다.
이 겨울은 그대처럼 맑고 맑은
두 눈의 미소가 있어
이 겨울이 따스하게 다가옵니다.

이별 1

저 산마루 위에 오랫동안 떠 있는
해도 저물어가고 있습니다.
사랑도 그리움도 영원할 수 없기에
해가 지듯 그렇게 저물어 가고 있습니다.
붉게 타오른 해도 끝내 어디론가 자취를 감추고
그날이 다시 떠오를 수 없는 사랑이기에
어둠 속을 헤매고 있습니다.
점점 다가오는 이별이 오고 있습니다.
마음속에 그대가 자꾸 생각나고
멀어져 가는 것은 무엇일까?
따뜻하게 다가오던 눈빛은 차가워지고
사랑하고 아끼던 모든 것들을
매정하게 이별을 할 때 마음이 무겁고
꽃피워 내지 못하는 것이기에 슬프다.
언 몸속으로 체온이 점점 떨어져 가듯.
이 겨울은 내 마음속에 찬 바람이
한동안 머물러 있을 것 같습니다.

사랑하는 그대여 I

사랑하는 이여,
하늘에 소중한 건 해와 달입니다.
땅에 소중한 건 흙입니다.
바다에 소중한 건 소금입니다.
나에게 소중한 건 바로 당신입니다.
이렇게 소중한 것이 있듯이,
내 인생에서 그대가 전부입니다.
잎이 떨어지면 떨어지는 대로
물 흘러가듯, 살라 하지만,
당신이 없는 세상은 하늘도 볼 수 없고
거센 파도의 울음소리만 들을 수 있을 뿐입니다.
봄이 오면 오는 것을 느끼지 못하며
가을이 오면 가을비를 맞으며 홀로 서 있을 뿐입니다.

사랑하는 이여,
어둠 속에 헤매는 몽유병 환자처럼
거리를 헤매고 있을 회상을 만들지 마소서.
아직도 나는 그대에게 작은 불씨 하나 남기지 못했는데
이대로 떠난다면 어찌 활활 타오르는
그대의 등불을 밝힐 수 있으랴

사랑하는 이여, 돌아와 주오.
내 간절한 사랑을 받아주오.
한없이 흐르는 그대의 눈물을 감추지 말아 주오.
그 흐르는 눈물을 닦아 줄 수 있는
내가 될 수 있도록 해주오.
한 세상 그대와 함께 살다가 그대의 생을 내려놓을 때
그대 옆에 내가 있으리.
그대가 없는 세상 어찌 살아갈 수 있으리.
오~ 그대여, 내 사랑 받아주오.

사랑하는 그대여 Ⅱ

맑고 푸른 햇살이 드리운 날
초록빛 너울을 안고
그대는 내 곁에 다가왔습니다.

사랑은 고요한 아침을 맞이하듯
나의 마음 한 자락에 다가온 그대여
그대의 눈빛으로 나의 눈빛은
맑게 빛나고 있습니다.

사랑하는 그대여
당신의 마음 한 자락에
내가 머물고 있다면 사랑은
도망가는 것이 아니라 그 사람과
한마음이 되어 그 사랑을 지켜나가는 것이
사랑입니다.

우리들의 사랑은
오래도록 피어난 한 장미꽃처럼
기다리고 기다린 끝에 맺은 인연
서로의 마음속에 별이 되고 세상에서
가장 빛나는 사랑으로 당신 곁에 머물고 싶습니다.

고독

내 안 가득히 스미어 오는 고독
무한 허공에 떠도는 순박한 사랑
흔들리는 잎새의 가녀린 몸짓
텅 비워 버린 허공 속에서
아직도 주워 담지 못한 미련의 정이
현기증을 일으키며 멀건 눈망울로
기운을 잃고 거리를 헤맨다.

가슴 안에 가득했던 사랑이
상처로 멍들고 가여운 새처럼
가슴을 퍼덕이며 울고 있는 슬픔 속에
하루의 삶에 지쳐버린 메마른 가슴에
허전함을 깨워줄 그 누구여도 좋을
따뜻한 차 한잔 나눌 그런 사람이
내 옆에 있으면 좋겠다.

사랑은 유리 같은 거

사랑한다는 말 한마디로
그대들에게 상처를 주지 마라
사랑은 절대 시들지 않는 오아시스와 같다
사랑은 유리 같은 거 언제 깨질 줄 모르니
그날을 소중하게 여겨라
헤어진 후에 아픔에 눈물을 흘리지 말고
죽을 만큼 사랑하라
사랑은 가질 수 없을 때 더 슬프고 그리운 것
오는 날보다 가는 날들을 더 소중하게 여기며
세상에서 가장 아름다운 사랑으로
그대들만이 부를 수 있는 영롱한 빛이 되어
이 가을 햇살 한 줌 떠서 이슬 꽃으로 피어나는
찬란한 아름다움으로 서로 사랑하라

고운 꽃으로 피어날 것이다.

가을 하늘에 깊이 묻혀버린 시간은
어둠을 타고 소리 없이 나를 뒤 흔든다.

스산한 바람이 불어오는 거리에 홀로 선
그 무언가 두려운 눈빛이 애처롭다.

가을바람에 부딪히는 잎은 힘없이 떨어지고
멍든 가슴은 시리고 아파서 바라볼 수 없다.

뜨거운 사랑으로 꽃피우다 떨어지는 낙엽처럼
서글픈 사랑은 그렇게 가버리는 것이 아니라
다시 다지고 다져 오는 것이다.

새로운 잎이 돋아나듯 그대보다 고울 수 있으랴
지난 추억 속에 낙화에 버린 것이 아니라
다시 더 고운 웃음에 꽃으로 피어날 것이다.

가고 오는 세월 속에 가장 아름다운 낙엽으로
너만이 부를 수 있는 기억으로 남을 수 있는
사랑이 되고 싶다.

3 부

사랑의 봄날처럼
그대의 숨결이 느껴오는 것은
당신의 향기가 그립고
당신의 품이 그리운 것이다

영원한 사랑

사랑아
사랑을 잃는 것은
몸 한쪽을 잃는 것 같고
사랑으로 찢긴 가슴은 영원히 상처로 남아
눈물로 베어 물고
시린 가슴을 두드리는 것이 사랑이더냐

가버린 것은
다시 오지 않고
가슴으로 그리워 상처로 남으니
휑하니 혼자 우는 바람이 더 가슴이 아프고
그리워서, 기대어 울 수 있는
한 가슴이 있다면 그것이 사랑이 아니던가

사랑아
지울 수 없는 그대의 얼굴처럼
가버린 사랑을 그리워하지 않고
늘 곁에 있어 주는 영원한 사람아
나보다 먼저 사랑할 수 있는 사람이 되자꾸나.

못다한 사랑 Ⅱ

가을에 떨어진 낙엽은
살포시 내려앉아
그대와의 못다한 사랑이
마음 가득히 차오른다

바람결에 밀려오듯
생에서 못다한 인연들이
한 움큼 쏟아질 것만 같은 눈물아
네가 그리워서 내 눈물샘이
메말라 버렸구나

늘 보고 싶은 사랑아
빛 고운 하늘처럼 아름다운
향내를 품어 주려무나
못다 한 사랑의 꽃길을 걷자
가장 아름다운 사랑으로
꽃피울 수 있는 그런 꽃길을..

봄날의 꽃잎아

햇살 고운 날
빗방울 떨어지듯
여인의 치맛자락 바람에 날리듯이
나풀나풀 내려오네요

달콤한 사랑의 색깔인가요
화가의 모델처럼
멋진 포즈를 취하며
떨어지는 꽃잎아
애달프게 떨어진 열정이 길바닥에
나뒹굴고 있구나

어린 새싹이 사랑을 품어주듯
피어오른 꽃봉오리
쉽게 떨어지는 꽃잎아
사랑 한 바구니 가득 담고
어디로 가느냐
네가 너무 그리워 애닳구나

꽃잎아
작은 새 날아가는 소리처럼
나지막이 소곤소곤 이야기해주세요
따뜻한 봄날
손을 잡고 사랑 보러 간다고....

봄날의 꽃처럼

풋풋한 정으로
그대의 숨결이 느껴오는 것은
빛고운 하늘 아래
활짝 핀 꽃처럼 그대가 있어
세상을 다 가진 것보다
더 값지고 행복한 것입니다

아름다운 당신이 있어
흰 구름 꽃 나래 위에
때 묻지 않는 순수함으로
진한 커피 향처럼 느껴오는
따뜻한 마음이 있을 때
쉽게 시들어 버리지 않는
봄날의 꽃처럼 영원히 당신을 사랑합니다.

봄의 유혹

겨우내 움츠리고 있던
내 여인아.
너의 뜨거운 젖가슴처럼
피어오른 꽃봉오리
그 고운 자태로 날 유혹하여
한올 한올 벗어다오
너와 함께 살아온 세월이
어언 십 수년 이건만
어찌 시샘하고 서 있더냐
너의 겉옷을 다 벗고
내비친 속살이 연분홍 새색시처럼
아장아장 걸어나오듯.
툭 하고 꽃봉오리가 터져
고운 자태를 뽐내시니
꽃봉오리 처녀도 스스로
한올 한올 벗어던져 유혹한다네.

언제 오시렵니까

푸른 줄기 뿌리내린
흰 눈을 밟고 오신 내 님이여
여린 꽃망울로 솟아낸
뽀얀 속살 내비친
고운 향기 보셨는지요

님 찾으러 온
여린 싹들이
푸른 멍으로 가득 쌓여
트이지 않는
내 몸 위로 감겨오는 소리들

용트림하는 생명 위에
이슬 흠뻑 젖어
고운 향기 안고
외면한 채 멀어지는
그리움의 색색 멍울 덥혔네

짙은 어둠에서
멍든 꽃봉오리
벗겨 주실 내 님이여

언제 오시렵니까,
여린 입김 기다리는
화려한 꽃봉오리
홀연히 깨워주소서.

화려한 봄날

하늘 창가에 내리는 햇살은
살며시 다가와 창문을 열어주듯
겨울날의 긴 여정을 끝내고
사랑의 갈증으로 꽃향기 품어주고
달빛 속에 그대가 머물듯.
또 그렇게 찾아와 하늘이 열리고

햇살 꽃 하얗게 피어나는
대지 위에는 뽀얀 속살 내비친
당신의 고운 눈빛이 빛나고
라일락 꽃보다 진한 사랑으로
꽃길을 밟고 오시는 님이시여!
화려한 춤을 추고 또 그렇게 가소서

이별 II

마지막 잎새 떨어지기 전에
사붓이 오소서
붉게 타오르던 저녁노을도
서서히 저물고 있습니다.
흔들리는 내 마음속에
꽃 마음 별 마음 사랑을 싣고
내 마음속에 사붓이 내려앉아
사랑을 품어 주려무나.
그토록 아름다운 향기를
피워 오르던 꽃들도
이제 마른 잎사귀가 되어
이별이란 또 다른 꿈을 꾸며
미련도 없이 떠나가고 있구나.
세상에는 이별하지 않는 것이 없다.

가을의 그리움

가을에 떨어진 낙엽은
그리움을 여미고
햇살이 살며시 다가와
창문을 열어주듯.
아련히 떠오르는 그대 모습
가을 햇살이 가득할 때 꺼내어
그대를 그려본다.

이 가을에
국화꽃이 향기를 내뿜는 것은
임 그리워 품어내는
가을 사랑이 가득하기 때문에
달빛 속에 그대가 머물듯.
또 그렇게 찾아와
내 마음속에 머물다가 가는 것이다.

햇살 고운 날

청명한 봄 햇볕을 받아
아침 햇살이 머물고
흰 오색치마 저고리 입은
수줍은 새색시처럼
고운 자태를 뽐내며
소리 없이 피어나는 벚꽃
하얀 이빨 드러낸 너는
붉은 잿빛 옷을 벗기며
하나 둘 피어나는 너의 자태가
가지마다 물이 오르고
땅속에 잠든 아지랑이
깨어나는 소리와 함께
소록소록 하늘을 향해 피어오른다.

이른 봄

뜨락에 내린 햇살은
나뭇가지마다 하늘을 향해
너울너울 춤을 추며
사랑을 고백하듯.
움츠렸던 꽃잎도 입을 벌리고
산자락에는 수혈의 피가 흐르듯.
만물이 소생하고
산과 들에 꽃들이 피니
새색시처럼 화사한 옷으로
곱게 차려입으니
꽃잎 위에 벌과 나비가 찾아들고
아낙네들 마음에도
유혹의 손길이 바람으로 손짓하네.

가을의 달빛

낮 달도 숨어버린 어둠 속에서
달빛과 함께 흰 뭉게구름은
재 넘어 골 내 달리고
풀숲에서 합창을 하듯 들려오는
귀뚜라미 소리 가을을 노래한다.

하모니 연주하듯
불볕 더위는 가을바람과 함께
어디론가 떠나가고
산자락에는 오색 저고리 곱게 차려입고
그렇게 세월은 흘러가고 있다.

호숫가에 비친 달빛도 고운 임을 그리며
수면으로 떠오르지 못하고
먼 추억 속으로 사라져 가고 있을
그대는 또 다른 달빛을 그려내기 위해
천천히 걸어 나오고 있다.

겨울의 꽃

피어나는 철은 달라도
나지막하게 아지랑이 피어오르듯
손길이 닿지 않는 곳에
사랑의 싹이 움트고 싱그러운 젖줄로
꽃망울을 보듬어내고 있다

어디선가 노을에 잠든
옹달샘 소리가 청아하게 들려오고
애틋한 사랑의 물줄기 품어주며
꽃 피는 날을 기다리며
저 너머 숨결마저 삼키고 있다

가슴을 여미는 사랑이었던가
굽이마다 풀어야 할 사연이
저마다 꽃망울이 피어오르고
보듬어 줄 아침 이슬은 사랑을 적시며
새 생명의 노래를 엮어가고 있다.

가을 달밤에

햇살 고운 가을 날
조롱조롱 매달린 조롱박
여인의 치맛자락
바람에 날리듯이
살랑살랑 내려오는 님이시여,

가을바람에 춤추는 듯
붉은 저녁노을 진 자태를 뽐내며
살며시 고개 내밀곤
은하수 꽃밭을 만들어 담아내는
가을 달빛이 아름답구나

이슬 밟으며 술렁이는
귀뚜라미 소리도
가을 향기 솔솔 피어나는
이 계절이 아름답기에
가을 사랑이 가득 스미어 온다.

가을빛의 세상

청명한 가을이 머무는
풍경 속으로 걸어 들어가고 싶다
저 하늘과 땅에서
성큼성큼 다가오는 가을빛은
마른 잎을 만들어
고운 자태를 뽐내고 있다.
붉은 하늘빛을 따라온 세상은
고운 단풍으로 물들고 마른 잎 사이에
오색 물방울이 떨어지고 있다.
가을 향기에 베여있는 너는
그리움의 소식을 전하기 위하여
쉴 새 없이 은은한 가을꽃을
피우고 있으니 은빛 출렁이는
억새풀도 춤을 추며 바람을 불러 모아
나그네를 맞이하곤 국화차 한 잔으로
이 가을을 잔속에 담아본다.

첫눈

오색등 밝히던 붉은 노을은
서서히 저물고
붉은 잎새 벗어던져
첫 맞선을 보듯.
앙상한 나뭇가지 위에
흰 학이 날아들어 첫 눈꽃을 피우고
뜨락에 내린 첫눈은
가을을 사랑하기 때문에
그대가 머문 자리에 달빛이 되어
흰 눈꽃 세상을 밝히리라

첫눈이 내린
앙상한 나뭇가지 위에 앉아
고운 눈꽃의 자태를 뽐내시니
아장아장 거닐던 내 임도
힐끗 쳐다보며
첫사랑 향기에 취하듯.
그대 마음속에 쌓여 수줍은 듯이
하얗게 뿌려대는 설렘으로
하얀 웃음 햇살처럼 빚어
이 겨울의 수채화를 아름답게
그려내고 있다.

고요한 아침

뜨락에 내린 아침 햇살이 가득하고
산새들이 지저귀는 소리에
싱그러운 아침을 깨우고
뒷동산에 흰 안개가 피어오른 틈 사이로
붉은 태양이 떠오른다.

꽃망울이 방긋 웃음 짓듯
떠오르는 해를 바라보며
기지개를 펴고 베란다 탁자 위에
헤이즐넛 커피 한 잔 입안 가득 채워둔 채
고요한 아침을 맞이한다.

앞뜰에는 꽃 내음 품어 주려온
잔 서리가 자욱하고
새로운 생명들은 나뭇가지마다
겨우내 움츠렸던 옷고름 풀고

나그네 맞으러 아장아장 걸어 나오고 있다.

계절의 사랑

봄이 그리운 것은
샘솟는 희망으로 피어오르는
것을 기다리는 것이다.

여름에 갈증을 느끼는 것은
이글거리는 태양 속에
달콤한 사랑을 기다리는 것이다.

가을의 쓸쓸함과 외로운 것은
바라보는 눈빛 속에
가을 사랑이 없기 때문입니다.

겨울이 유난히 추운 것은
따뜻하게 감싸주는
포근한 사랑이 없기 때문입니다.

초 겨울

찬 바람이 불어옵니다.
서서히 다가오는 초 겨울의 냉기
한 마리의 나뭇잎 새가 되어
창문 틈으로 찾아오고
초 겨울 밤비 소리는 가로등 불빛 위에
빗방울 튕기는 소리와 함께
서서히 겨울로 들어가고 있습니다.

가로등 아래 흔들리는 나뭇잎은
마지막 숨결을 숨 쉬던 잎은
우체통인 양 엽서 한 장 띄우듯.
텅 빈 뜨락 안에 떨어지고
주마등 같은 쓸쓸한 계절은
저마다 독특한 차림새로 계절 따라
세월의 무대를 펼치고 있습니다.

늦가을의 사랑

이 늦가을의 낙엽은
소리 없이 떠나가고 있습니다.
무성했던 잎들은 모두 벗어던지고
앙상한 나뭇가지 사이에
까치 한 마리 앉아 슬피 울어도
이제는 떠나렵니다.

가을바람 지나간 자리에
사랑의 꽃이 피던
나뭇가지에는 꽃과 잎이 없어도
아름답지 않아도
그대 마음속에 영원히 머물러 있을...
내일을 기약하며 기다리겠습니다.

달빛도 하늘도 땅도
긴 잠에서 깨고 나뭇가지마다
님이 그리워 토해낼 때
푸른 잎 사이사이 쌓인 정이 노래되면
아지랑이 새순 돋는 봄날
사랑의 꽃을 다시 피우겠습니다.

가을의 가슴 속으로

감이 익어가는 가을의 하늘빛은
어느 여인의 젖가슴처럼
터질 것 같은 대롱대롱 매달린 홍시
탯줄을 끊고 한입에 쏙 들어오니
너의 빛깔이 꿀맛같이 애정이 넘치는구나.
붉은 감나무 잎사귀가 되어
너를 안아 감싸고
내 마음속에 그리며 너를 품고 있으니
아~ 이 가을의 하늘빛은 외롭구나.
스산한 바람이 부는 언덕 위에
까마귀도 외로워 슬피 울어대고
저물녘 먼 들 붉은 태양은 산 너머 골짜기 위에
살포시 앉은 당신은 참 곱기도 하도다.

봄은 그렇게 잠들고 있을 뿐이다.

늘 푸른 산아
카멜레온처럼 때 묻은 색깔을
모두 벗겨 내고
붉게 물들어 가는 산자락에는
오색치마 펄럭이고
산봉우리에 내려앉은 학은
한껏 멋 부려 입었던 옷을 벗고
바람에 깃털 휘날리며
먼 곳으로 떠나는 너를 배웅한다.

언젠가 또 왔던 길
내가 벗 삼아 살아가야 할 이곳에
정겹던 여름 숲의 풀벌레 소리는 떠나가고
시든 잎과 한 이불이 되어 잠자고 있을 너는
저 떠도는 구름이 되지 말고
흰 푸른 물결이 쓸려간 그 자리
세찬 겨울바람도 견디고 있을 너의 봄은
그렇게 잠들고 있을 뿐이다.

꽃단장

피어나는 철은 달라도
8월은 알알이 익어가는 계절
각기 다른 색깔이 어우러져
싱그러운 풀 향기와 더불어
고운 빛깔을 쏟아낸다

탱탱한 여인의 젖가슴처럼
알알이 익어가는 능금
화사하게 꽃 단장을 하고 있다.

저녁노을

봄이면 창을 열고 달님에게 고백하듯
산자락 구름 위에 걸려 있는 저녁노을은
붉게 타오르는 색채로 아름다운 하늘을
수놓고 있다네.

보랏빛으로 변색해 가는 노을은
하늘과 땅을 붉게 물든 색채로 변하여
호숫가에 내려앉아 한 폭의 동양화 그림을
보듯 수놓고 있다네.

대지위에는 철새들이 가오리연처럼
길게 늘어져 월동 준비하러 떠나고 있는
하늘 세상과 땅은 아름답다 하더라.

샘솟는 봄

겨울이 내려앉으면
나무는 서서히 옷을 바꾸어 입고
나뭇가지 사이에는 꽃봉오리가
여인네 젖가슴처럼 피어올라
새싹이 푸르게 돋아나고
햇빛이 한결 밝아지면
강물은 부드러운 청색이 된다.

추었던 겨우내 세찬 눈보라도
견디며 봄소식을 알리듯
잎이 푸르게 우거진 버드나무 아래에선
푸른 새싹과 꽃망울을 터트린 꽃향기로
온 세상을 수놓고 있다.

땅은 샘솟듯 솟아오르고
그대를 바라보듯
새하얗고 붉고 아롱진 것들이 아침이 되면
대지 위에 따뜻한 햇볕이 내려앉아
새로운 생명이 태어나 봄을 맞이한다네.

싱그러운 봄 냄새

상큼하게 다가오는 아침처럼 싱그럽고
은은하게 다가오는 커피 향처럼
따스한 햇볕이 유난히도 하늘빛이 맑았다.

새들은 푸른 들판 위로 날아다니고
뭉실한 솜구름이 푸른 하늘에 떠 있고
산골짝에 싱그러운 봄 향기로
만발한 꽃과 잎으로 푸른색을 띠고 있었다.

기차는 푸른 벌판을 가로질러 달리고
농부가 때를 맞추어 씨앗을 뿌리고
논 뚝 에는 봄나물 캐는 아낙네들의 구성진
노랫가락 소리에
제비는 봄 소식을 물고 날아들었다.

아침 햇살

아침 햇살에
가득 했던 어둠이 물러가고
진한 커피 한잔 마시며
밖을 내다보니 바람에 휘날리며
흔들어 주는 나뭇잎도 반긴다

저 너머 불어오는
맑고 상쾌한 바람
귀에 익은 너의 목소리
짹짹 거리며 아침을 알린다.

닫혀 던 아침 햇살이 열리니
샘솟는 모든 만물이 깨어나
너와 함께 아침을 맞이할 수 있어
행복 하단다.

4 부

바람 따라 벗 삼아 살다 보면
또 하루가 저물고
땅거미 어둠이 내려앉아
한 조각에 매달린 삶을 내려놓고
한 삶을 꿰어보며
편안한 휴식을 취해 봅니다

시인의 종자

오늘도 꽉 막힌 도로에서
뚫리지 않는 무언가
나의 몸속을 휘감고 있다
오케스트라 연주도 멈추고
그 아름다운 선율이 들리지 않아
무아지경 속에 빠져 헤매고 있다

어떤 종자를 찾아낸다는 것은
나의 영혼을 끄집어 내는 것이다

그 아름다운 오케스트라 연주 소리
언제쯤 들리는가?
지휘자에 맞추어 각가지의 소리
그 악기에서 뿜어 나오는 아름다운 선율
음표들이 천천히 걸어 나올 뜻
긴 어두운 터널 속에서 헤매고 있다

아름다운 연주를 해야 할 텐데....
점점 자신을 잃어가는
나 자신을 책망하며 보이지 않는
긴 어두운 터널 속을 뚫고 나와

나의 아름다운 음표들이 언제쯤
세상의 빛이 되어 멋진 글쟁이가 될는지
기약 없는 나는 오늘도 음표를 찾아
거리를 헤맨다.

현세가 아닌 내세

냇길을 가다가
늙고 썩은 고목나무를 보았다
나무껍질은 깊이 파인 채 사라지고
앙상한 뼈대만 덩그러니 홀로 남아
임종을 맞이하고 있었다
이미 뿌리줄기는 숨이 끊어져
온몸이 무너져 내리고 있었다
아무도 거두지 못한 늙은 고목은
얼마나 외롭고 슬펐을까?
늙고 병들어 죽은 몸은 개미 떼가
갉아먹고 있었다
온몸의 살이 떨어져 나가고
뼛가루만 남아 바람에 휘날리며
한 줌에 흙으로 돌아가는가
주위를 맴돌며 떠나지 못하고 있었다
저 늙고 썩은 고목나무는
내세(來世)가 있는 나를 보았다.

삶의 가치

우리 살아가는 일 속에
하루의 꽃잎이 떨어지면
다시 무더운 태양빛을 사랑하는 것이다
고되지 않는 삶이 어디 있으랴
이 세상에 피어나는 꽃잎 하나도
저 홀로 피어나는 것이 없듯이
사랑의 열병처럼 앓고 나야 비로소
싹이 움 트는 것이다

우리 살아가는 일 속에
비바람치고 파도가 일렁이는 날이
어디 너 뿐이더냐
바람 부는 날은 조용히 닻을 내리고
하루의 일을 잠시라도 잊고
조용히 고갯길을 넘어 산모퉁이 앉아
한 조각 나의 삶을 나무라듯
생의 깊은 곳에 묻어두는 것이다.

망인(亡人)의 꽃상여

어느 망인이 떠나가는 길인가
꽃상여 메고
지네발처럼 한걸음 내딛는 상여꾼
저승 길은 점점 다가오고
상복을 입고 상장을 짚고
꽃상여 뒤를 따라
만 장의 행렬은 떠나가는구나
상여꾼 꽃상여 내려놓고 떼를 쓰니
상주가 술 한 잔 입에 넣어주니
다시 상여행렬은 이어지고
서산 깊은 산족에 도착하니
항아리 속에 허우적거리며
살던 망인은 이슬처럼 사라지지만
당신이 남긴 이승은
활짝 핀 한 송이 꽃 이런가
벼랑 끝에서 선도의 문 열고 떠나지만
누구나 가는 천국의 눈꽃이 아닌가
까마귀 떼 피눈물을 흘리는
상주의 눈물은 서산 비석 위에
슬픈 달이 뜨고 밤새도록 통곡소리는
어느 상주의 곡소리인가
애통해 하는 마음 서럽다 하지 말고
살아생전 있을 때 잘 하시게나...
다리 밭 건너 잘 가소서.

희망

한 줌 따사로운 햇살은
서서히 저물고 호젓이 찾아들어
어둠을 밝히는 조명들...
삶의 파편들로 허우적거리는
잎 새의 가녀린 흔들리는 몸짓처럼
혼탁한 세상을 등에 업고
기운을 잃고 거리를 헤맨다.

거리의 도심 속에서
가지런한 희망의 조명들은
신비롭게 빛을 내며 환희의 기쁨이
반짝거리고 있으나
찬란하게 깨어나는 희망의 빛은
아직도 겨울의 긴 몸살을 앓고 있다.

희미한 염원 속에서
한줄기 밝은 빛이 되어
찬란한 거리의 조명처럼 무한한
기쁨으로 남아 희망을 밝혀주는
빛이 되어 꺼지지 않는 불빛으로
나의 삶이 피어나게 하소서.

덧없는 세상

하루의 삶을 마무리하는
분지 위에 숨어버린 달빛도
지친 가슴 어루만지며
희망의 노을 빛이 염원을 담으며
덧없는 인생길 눈물짓네

노을 빛이 바라보며
술 향에 취한 찌든 삶을 내려놓고
한잔 술로 씻어내니
햇살이 떨군 고단함도 술잔에서
출렁이며 취몽 중에 씻어 내리네

세상 소리 위안 삼고
한잔 술 가락 삼아
어허라 어깨 춤추며
어허라 장단 맞추며
이 풍진 세상 세월따라 살아가세.

중년의 삶

어스름이 찾아드는 저녁
고독만의 연속이다
언제였던가?
휑하니 혼자 부는 바람이
낯선 듯 두려운 눈빛의 고독
오솔길 길가에 꽃피던 그 시절
먼 뒤안길로 사라져간다.

사는 것이 다 그러하듯.
중년의 나이가 되고 보니
지나온 흔적 되돌아볼 여유조차
부려 볼 수 없었던 지난 시간들...
지친 발걸음에 매달린 채
살아온 날들이 강물처럼 흘러간다.

바람 소리 물소리
내 삶이 어디로 흘러가는 걸까
삶의 한 조각에 매달린 채
낯선 골목을 헤매고 있을...
중년의 삶을 되돌아보며
나를 그리며 한 잔에 술로 달래 본다.

삶을 꿰어보며

바람 따라 벗 삼아 살다 보면
또 하루가 저물고
땅거미 어둠이 내려앉아
한 조각에 매달린 삶을 내려놓고
한 삶을 꿰어보며
편안한 휴식을 취해 봅니다

하루의 삶에 역경을 넘나들며
내 안에 꿈틀대던 열정
다람쥐 쳇바퀴 돌듯.
길들여진 삶을 내려놓고
편안한 휴식 취하며 한 잔의 술로
위안을 삼으며 달래봅니다

세상사 사는 것이 그러하니
끌어안은 세월 끝에
결코, 눈물 꽃으로 시들지 않고
희망의 꽃으로 피어나
환한 웃음 햇살처럼 빚어
활짝 핀 꽃처럼 삶의 행복이
사붓이 내리기를...

입춘 [立春]

얼음 속에 박힌 마른 풀잎들이
얼음 깨지는 울림과 함께
물 위로 서서히 떠오르고
맑은 물 흐르는 계곡물 소리도
봄의 씨앗을 움트고 있다.

봄소식을 전해주듯
강물도 바람결에 물결치고
땅속에서 잠든 아지랑이 깨어나
풀숲들도 무릎 관절을 펴듯
천천히 일으켜 세우고 있다.

붉게 물든 저녁노을은
서서히 저물며 봄바람과 함께
회색 하늘빛을 수놓고
갈대 사이에 비추는 노을은
이 겨울과 함께 떠나가고 있었다.

산막이 옛길

산빛 달빛 달천강
산막이 젖줄이 흐르는 둘렛길
먼 산 바라보듯.
스치는 바람에도 흔들리지 않는
외로운 차돌 바위여!
아늑함이 배어 있는 따뜻함이
산자수명한 너의 아름다움에
넋 놓고 말없이 바라볼 뿐이다
솔잎 향이 가득한 이곳은
천년이 지나도 그 자리 지키며
달천 강의 숨결은 흐른다

매 바위가 서있는 그대는
외로운 망부석이 되어
지난 온 세월의 흔적을 갉아먹고 있다
고귀함을 간직한 채
너만의 외롭게 홀로 앉아 있다
하늘과 땅 달천강은 말한다
소나무 참나무 서로 기대여
사랑을 속삭이며
외롭지 않고 동무가 되었다고

먼 산 위에 등짐 지고 앉아 있는
너의 모습은 여인의 곡선처럼
천년의 숨결이 흘러
어머니의 품속으로 파고들고 있다.

이름 없는 들꽃

시는 나의 영혼이다
어떤 종자를 찾아내어 좋은 씨앗을
내 영혼의 밭에 뿌린다

저 들꽃을 보라
겨우내 인고(忍苦)의 고통을 견디고
시어들이 천천히 걸어 나오고 있다

꽃봉오리가 시들어버린
내 영혼의 씨앗들이 민들레 홀씨 되어
이름 없는 꽃 이어도 좋으리

누군가가 순수한 눈빛으로 다가와
나의 영혼의 시가 소박한 꽃과 향기로
살며시 피고 지면 그뿐 인 것을...

시냇물 소리도 귀 기울이고
옷깃에 스치는 바람 소리도 느끼며
순수하게 그려낸 시들이
소박한 삶을 살며 이름 없는 들꽃이 되리라

시낭송가의 향연

살며시 창문을 열어주듯
고운 소릿결을 타고
산 넘어 산을 넘고 인생 고독의 소리가
꽃 한 송이 피워내듯
운율의 숨결을 타고 흐르는구나
비단실 한 올 한 올 풀어
목젖에서 뿜어 나오는 소릿결은
누구의 영혼인가
한 시인의 숨결이 살아나 안갯속을
천천히 걸어 나오고 있다.

보아라!
아름다운 시어들이
시낭송가의 소리로 새롭게 탄생이 되어
꽃 한 송이 곱게 피워 아름다운 물결을 타고
피를 토하듯 내뿜는 향기 속에
한 알의 씨앗이 곱게 피어나 노래하고
또록또록 읽어나가듯
가슴속에서 울려 퍼지는 감동의 표출이여!
너의 부르짖음이 한 시인에 고독의 소리가
가슴속에 울려 퍼져 아름답게 빛나고 있다.

영롱한 이슬에 헹구어
아침에 창을 열어주듯
고운 목소리가 저 어디에서 들려오는
휘파람 소리처럼
청아하고 맑은 시냇물이 흐르듯
아름다운 언어로 피어 올린 자연의 가락은
개구리 울음소리가 들려오듯
작은 등잔불이 활활 타오르고 있을 너는
아름다운 소릿결이 울려 퍼져
하나의 시낭송가가 되어 노래하리라.

촛불시위

거리로 쏟아져 나오는
함성소리 들린다
아름다운 나의 조국 나의 사랑
광화문 광장에 깃발 꽂고
비무장지대 공동경비구역처럼
선이 웬 말이냐
갈 수없는 차단된 세월의 저편에
삼팔선도 서럽다 하거늘
타들어 가는 분노를 억누를 수 없는
거리의 촛불은
아직도 종소리가 울리고 있거늘
무슨 미련이 남아
뒷짐지고 밤 하늘만 덮고 있느냐
하루속히 나와 석고대죄로
국민의 분노를 씻어주는 그 길이
속죄하거늘...
시커먼 산들이 몰려와 함성 소리는
눈물을 뿌린다
광화문 광장에 있던 촛불 시위도
눈물을 흘리며 떠난 자리에
비둘기도 모이를 주워 먹으며

슬피 우는 소리에
새벽을 가르던 새마을호도 서 있거늘
위선과 거짓 투성이인
이 시대의 하늘을 가릴 수 없으니
손등에 찔린 가시를 뽑아
국민에게 진실을 밝혀 비둘기가
광화문 광장에 평화롭게 날아다니는
날은 언제 오려나...

여운(餘韻)

가슴속을 스며드는 옛 고단한 삶이
빗방울이 떨어지듯 흘러내리고
세월이 지나도 잊혀지지 않는
여운이 남아 문을 살며시 열어주곤 한다

매서운 바람이 스치고 지나간 자리에는
싸늘한 파도 소리가 매섭게 철썩 거려
아무것도 할 수 없었던 그 세월
힘겨운 날도 견디기 힘들었던 삶도
멈추지 않고 물레 방아는 돌고 있었다

그땐 그랬다
유혹의 손길이 바람으로 손짓하고
눈이 멀어 몸을 휘감아 빠져나올 수 없었던
그 삶은 보일 듯 말 듯
먼 산을 넘어가고 있었던 세월
이제는 누군가가 쓸어버린 눈길을
걷는다고 해도 다시는 그 눈길을 걷고 싶지 않다.

한 조각 삶을

낮 달도 깊이 숨어버린
저녁노을은 땅거미 내려앉아
매달린 체 따라오던 삶은
긴 어두운 터널 속으로 헤맨다.

접힌 혼탁한 한 조각 삶은
어디로 흘러가는가?
묵은 찌꺼기 훌훌 털어 버리고
잠시 깊은 잠에서 휴식을 취하며
질곡 같은 삶을 되돌아본다.

지나온 시간은 무엇이었을까?
가슴 안에 가득했던
염원을 담으며 다져온 세월
향기 잃은 잡초처럼
희미해진 삶의 고독을
이제 어두운 잠에서 깨워봅니다.

어머니의 보릿고개

보릿고개 수놓은 얼굴
굽은 허리처럼 깊이 팬 주름은
햇살에 머금고
보릿고개의 그 어떤 고단한 삶도
꼼짝 않으신 저 녹슨 흔적들...
어머니! 그 녹슨 흔적을 이제 내가
담아내겠습니다.

늘 가슴속에 수없는 못 자국
머루넝쿨 휘감으며
피멍이 들던 어머니!
그 가슴속에 시커먼 속이 타들어가듯
얼마나 아팠습니까?
그 고단한 삶을 이제 내려놓으시고
남은 세월 편히 누여보소서.

흐르는 세월

같은 자리에서 흐르는 물 소리도
세월 따라가는 게 시간이니
떠밀어 내지 않아도
흘러가는 것이 세월이거늘
시간의 무게를 가늠하지 말라
시간이 더디 간다고
꾸짖는 사람 없으니
호반을 거닐며 오손도손 산책하듯.
천천히 거닐다 보면
내 생은 어느덧 저만치 흘러가니
언젠가는 종착역이 다가오리라
등선 고갯길 넘어가듯.
사시사철 계절의 변화도 바라보면서
시냇물 소리도 귀 기울이고
옷깃에 스치는 바람 소리도 느끼며
저 떠다니는 구름과 동무가 되어
세상사 계절 따라 살다가
덧없는 세월 그렇게 살다가는 것이
행복이더이다.

구름 같은 인생

한 치 앞도 모르는 인생
목숨이 끊어지는 날을 아는가?
언제 어느 때
이 무거운 짐을 다 내려놓고
가는 것을 아는가?
바람도 구름도 어디로 흘러가는지
아무도 모르듯이.
언젠가는 모든 재물 다 내려놓고
가야 할 인생길이 아닌가
이어 보시게,
뭐 그리 욕심이 많은가?
저승 짊어지고 갈 것도 아닌데...
한순간에 움켜 쥔 모든 것을 내려놓고
가야 할 종착역이 곧 오지 않겠나
그땐, 내 육신은 노쇠화되어
기억도 점점 사라져 아이가 되니
허망하고 허망한 인생이기에
이 세상에 내가 가진 것은
하나도 없고 모든 것은 흩어지는
구름 같은 인생이로다.

청춘은 흘러가도

하루가 지나면
또 하루가 오고
세월은 빠르게 흘러가지만
마음만은 그 자리에 머물러 있으니
청춘이 아니어도 좋아라
가는 세월 물 흘러가듯.
가는 게 시간인 것을 그 누가
막을 수 있으랴
가을에 산책하고 좋은 공기 마시며
계절의 변화를 느끼면서
살아가는 것이 청춘이 아니더냐?
졸졸 흐르는 시냇물 소리 귀 기울이고
바람소리 새소리 동무가 되어
저 뭉게구름이 흘러가듯.
그렇게 살다 보면 내 생의 종착역이
오지 않겠는가?
오늘도 내일도 허허~ 웃으면서
예쁘게 살아보자꾸나.

메르스

소리 없이 다가온 전염병 속에서
메르스의 퇴치를 위한 몸부림
멈출 줄 모르는 병마 앞에
몸살 달구는 메르스와 싸우는
의연한 사람들이여,
강철처럼 강한 의지로
곱게 쓴 명주 수건에 감아 두어라
견디다 보면 높은 희망이 반짝인다.

꽃향기 새소리에 도취되지 말고
어느 낯선 곳 씨앗이 되어
독버섯처럼 번져 메마른 흙 둘러쓰고
몸살을 앓다가 시들지 말고
한 조각 남은 서러움도 기쁨도
모두 비울 수 있는 마음 챙긴다면
어느새 병마는 너를 떠나
쓰린 가슴 토해내듯.
몰려온 먹구름은 흰 구름으로 깨어진다.

5 부

하나 둘 꽃을 피울 때
살포시 띄우는 꽃잎아
세월은 흘러도 뜨락에 머물며
언제나 그 자리에서
활짝 웃는 너의 모습이
수레바퀴 굴러가듯.
한 생의 꽃을 피우는구나.

어머니의 고향

흰 구름 건너가는
구절초 피는 고향 산천
길모퉁이 지나 용머리 걸린 서낭당
무슨 사연이 그리 많아
아낙네의 구슬픈 기도 소리에
구절초 지는 언덕 위에
집 나간 머슴 네 보따리 둘러매고
고향으로 돌아오고
서낭당 옆 늙은 노송은
쪽빛 하늘 품에 안고
천년의 세월 흘러도 고향 지키며
그 자리에 서서 너를 반긴다.

울타리에 핀 탱자꽃아,
잃어버린 옛 고향의 향수를 보았니?
메밀꽃.할미꽃.나팔꽃.능소화
너의 어머니의 꽃이란다.
연분홍 화사한 미소를 머금은 채
기다린지 머 언 십수 년
이제 고향 산천 그리며
흙에서 살자 흙에서 살자

흙냄새 꽃 냄새 새소리 지질 대는
그리운 어머니의 고향 산천
풀풀 날리는 산길
흙 먼지 쓰고 고향에서 살련다.
이제는 머루 넝쿨 휘감고
어머니의 고향 떠나지 않으련다.

그리운 고향산천

먼 산이 손에 닿을 듯.
내 가슴속으로 스며오는
하얗게 뿌려놓은 고향산천
밤 하늘에도 하얀 샛별이 홀로 빛나고
논두렁에는 흰 별이 내려앉은 고향
어두운 호롱불 밑에서
어머니 베적삼 지우실 때
소쩍새는 슬피 울고
아버지는 코 노래 부르며
이 풍진세상 한탄하시며
노랫가락 소리는 산천을 울리고
문풍지로 바른 문살에는
찬 바람이 솔솔 맴돌고 있었다.

새벽 동틀 녘 아침이 되면
대추 나뭇가지에 앉아
까치 한 마리도 슬피 울어대고
참새떼는 전깃줄에 모여 앉아
합창을 하듯.세상을 노래하고
처마 밑에 떨어지는 고드름도
조각난 파편들이 나뒹굴고

작은 희망조차 없이 눈보라치고
하루 종일 내린 고향 마을은
돌담 사이로 들어오는 개 짖는
소리만 마을 어귀에 울려 퍼졌다.

그날

꽃은 아름답지만
시간이 지나면 시들어 버린다.

우리네 인생도
영원할 수 없기에

어느 날
꽃잎이 떨어져
비가 구름을 몰고 오는 날

그날을 위해
나는 준비할 뿐이다.

언젠가는 떠날 세상

언젠가는
나이 들어 똥오줌 못가려
남의 손 빌려 하루를 버티며
살아갈 날이 반드시 오리라
그때 생각하고 자신의 건강을 지켜라

언젠가는
이 아름다운 땅과 하늘 바다
꽃들을 보지 못할 날이 반드시 오리라
그때 생각하고 자연을 사랑하고
많이 보고 느껴라

언젠가는
사랑하는 가족과 친지들을 볼 수 없는
날이 반드시 오리라
그때 생각하고 있을 때 아껴주고 사랑하고
사는 것이 후회 없는 삶을 살아가리라

언젠가는
인생의 시간은

언제 어느 시간에 멈출지는
아무도 모르는 것이 인생이니
그때 생각하고 내 삶을 보람되게 설계하라

언젠가는
내 모든 생을 내려놓고
한 줌에 흙으로 돌아가니
자식들 무거운 짐 짊어지게 하지 말고
비석 하나 세울 수 있는
노잣돈 마련해 놓고 죽음을 맞이하는
삶을 살아가라.

인생의 길

하나 둘 꽃을 피울 때
살포시 띄우는 꽃잎아,
세월은 흘러도 뜨락에 머물며
언제나 그 자리에서
활짝 웃는 너의 모습이
수레바퀴 굴러가듯.
한 생의 꽃을 피우는구나.

하늘에서 내리는 햇살은
어여뿐 꽃을 피우건만,
마음속에 움 트는 허욕
사정없이 꺾어버리고
정해진 길을 두고 먼 곳으로
되돌아 가는 사람아,
저~ 꽃잎을 보라
심술궂은 바람이 꽃잎을 떨구고 있지만
다시 돌아올 길이기에
그 자리에 머물러 있지 않은가?

꽃잎이 떨어지듯.
언젠가는 세월은 흘러

움겨쥔 모든 것을
내려놓을 날이 반드시 오리라
그땐, 무엇으로 밥 먹고
무엇으로 내 육신을 지탱할 수 있으랴
남의 손 빌려 하루를 버티며
살아가야 할 인생
파란만장 희로애락
피지 못할 생로병사
언젠가는 영혼은 영원에서
영원으로 다시 태어나 떠나는 것을...

그리운 곳

저 편에서 산들바람 불어오면
파릇파릇한 새싹이 트고
꽃봉오리 위에 벌 나비가 내려앉아
춤을 추며 고향으로 날아든다.

초가지붕 처마 밑에
강남 갔던 제비도 날아들고
파란 잎 나뭇가지에는 풀벌레
한 자락 슬며시 내 비추고
숲 속에는 새들의 노랫가락 소리
정겹게 들려온다.

고향산천 밤하늘은
반딧불이 한밭들에 내려앉아
고향의 향수를 품어내듯.
소록소록 전설이 서려 있는 곳
흰 뭉게구름은 고향을 그려내며
속절없이 떠나가고 있었다.

가을의 문턱

흰 구름 건너가는
가을의 문턱에서
석양빛은 붉게 물들어 가고
코스모스 피어있는
길가에는 고추잠자리
하늘하늘 춤을 춘다.

또 다른 계절이 오고 가는
세월 앞에 가야 할 시간들이
저 석양빛을 가로질러
구름은 둥실둥실 떠나가고
호숫가에는 한자락 안개를 품은
물 안개가 피어오른다.

한 세월이 건네준 가을은
화사한 날의 눈부신 햇살 앞에
한 폭의 붉게 물든 풍경화가
이른 새벽 아침을 가르며
가을바람과 함께 살랑살랑 흔들며
가을은 또 그렇게 오고 있었다.

인생무상(人生無常)

세월이 무정하구나
겨울이 지나면 봄이 오고
꽃은 다시 피건만
사람은 한번 늙으면
되돌아 올 수 없으니
인생무상(人生無常)이로다.

사람이 밟고 간 이 세상
사시사철 세월은 변화지만
인간의 마음은 변하지 않으니
꽃 같은 청춘이로다.

이리저리 그려진 퍼줄처럼
얽히고설키고 사는 인생
언젠가는 떠나야 할 세상
종착역은 어디쯤 가고 있을까?

초조하지 마라
그려진 대로 살다 보면
질긴 목숨 잡고 싶어도
언젠가는 떠나가야 할 세상

병이 들고 똥 오줌 못 가려
남의 손 빌려 질긴 목숨
하루를 버티며 숨 거두고
정해져 있는 것이 사람 팔자인 것을...

사는 동안 남한테 나쁜 짓 하지 말고
분수에 맞게 선비 다운 선비로 살다가
아름답게 떠나는 것이
사람답게 사는 것이니
살아있는 동안 베풀며 살라
그렇게 살다보면
그대의 새겨진 빗돌은 빛날 것이다.

대청호

대청호를 끼고
굽이굽이 돌고 돌아가는 길
웅장한 산세를 이루며
길 가장 자리에 펼쳐지는 벚꽃
백족처럼 하얀 꽃내음 풍기며
너도나도 꽃망울 미소짓고
지나가는 나그네 유혹하는 대청호
아~ 여기가 무릉도원이 아니던가?
대청호의 아름다운 풍경이
한 폭의 그림처럼 펼쳐지니
꽃잎 떨구며 반갑게 인사하고
대통령이 청남대 들어가던 길
은행잎 반갑게 마주 서고
닫힌 큰 대문이 열리니
아름드리 꽃들도 미소 지으며
어서 오라 손짓하며 들어오라 한다.

장미빛 인생

아름다운 꽃을 피울 수 있듯이
사람의 마음속에 고운 꽃이 있어야
인생이 아름다울 수 있으리
썩은 데서 피우는 꽃은 아름답지 않아
마음속에 더러운 오물이 가득하고
목이 마르지 않는 꽃은
고운 꽃을 피울 수 없으니
그 입 또한 가랑잎처럼 가벼워
쉽게 떨어져 허공에 높이 떠서
바람에 휘날리는 저 조각구름처럼
희망이 없는 인생이니
아름다운 꽃을 피우며 가는 인생은
헛된 망상에 사로잡히지 않고
자연의 순리대로 살아가니
아름다운 한 송이 장밋빛 인생이로다.

세상만사

마음이 급한 사람보다
차분한 사람이 좋더라
소박함 그대로가 좋긴 하지만
궁상맞게 떠는 것보다
멋지게 살아보는 인생도 좋더라
살아가는 동안
사람을 귀하게 여기니
등쳐먹는 사람도 있더라
내 탓으로 만 돌리니
손해 보는 일들도 있더라
마음이 단순한 사람보다
지혜롭게 사는 사람이 좋더라
착하고 어질게 살다 보니
바보처럼 손해 보는 일들도 있더라
속고 속는 세상만사
어디 뜻대로 될소냐
내 멋에 사는 것도 행복 이더이다.

도도히 흐르는 세월

삶이 때론 고되거든
하늘 한번 쳐다보지 말고
내 안에 머루르고 있는
탐욕과 번뇌가 있는지 느껴보라
쓰디쓴 내 영혼도 뒷모습이
보이지 않을 때도 있으니
휘이 휘이 돌고 돌아
텅 빈 가슴에 바람만 스치고 간들...
무심히 지나가는 칼바람도
그대를 기다려 주지 않으니
긴 그림자 앞세우고
나보다 먼저 강을 건너지 마오
되돌아올 수 없는 강물도
소리 없이 떠나가고 있으니
도도히 흐르는 세월 따라
빈 몸으로 홀가분히 살면 그것이
내 세상이오.

고귀한 인생

굽이쳐 흐르는 세월
구름은 하늘 아래 말없이 떠다니고
흰 구름이 먹구름을 몰고 올 때
소낙비는 쏟아져 계곡물도 울부 짖으니
내 몸을 내 맘대로 못하는 것이 인생사
때가 되면 우리네 인생도 서서히 저물고
나이 먹으면 다 떠나는 것이니
사는 것도 고귀한 인생 하늘에 뜻인 것을...
한 세월 살다가 미운 사람 있거든.
다 용서하고 괴로움도 즐거움도 끌어안고
한 세월 흐르면 흐르는 대로 살다가
욕심 내려놓고 그렇게 말없이 가는 것이다.

외로움

겨울의 끝자락에
어디 갈 곳 없는 내 마음의
쓸쓸함이 차가운 바람에 스친다.

봄비는 주르륵주르륵 내리는 밤에
창가에 홀로 앉아
잠시 상념에 잠겨본다

창가에 떨어지는 빗물은
어느 나그네의 눈물인가
뚝뚝 떨어지는 눈물방울은 수정처럼
맑게 흘러내린다.

이 외로운 밤 어디 기댈 곳 없는 나는
또 거리를 헤매다가 하늘만 처다본다.

어지러운 세상

눈아,
탐욕과 열망을 모두 덮어 버려라

얽히고설킨 어지러운 세상
눈 보라 치듯 하늘하늘 춤을 추며
휘이 휘이 꾀꼬리 휘파람 불며
하늘 높이 새처럼 훨훨 날며 가잔다.

잿더미 속에서 절규하는
그들의 함성이 귓전에 맴돈다.

옛 선열들이 돌무덤에서
선혈을 토하듯 거센 바람을 타고
절규하며 눈보라를 치는구나

총소리 멎은 지 역사의 흐름도
도도히 흐르고 있는데
애달픈 소쩍새의 울음소리는
밤새도록 울어대고
벌어진 창틈으로 밀려오는

찬 바람만 뼈 속을 할퀴고 가는구나

아~ 이 겨울이 유난히 춥구나
칼바람에 시달리는 서민들이여,
작은 새싹을 심어도 움티울 줄 모르는
세상일지라도 너와 내가 짊어지고
가야 할 세상 아닌가?

얽히고설킨 어지러운 세상
하늘에 뜬구름처럼 살다가
휘이 휘이 꾀꼬리 휘파람 불며
하늘 높이 새처럼 훨훨 날며 가잔다.

우리네 인생살이

저 산위에 떠있는 붉은 태양도
붉은 빛깔내며 생명을 낳고 구원을 낳고
삶의 인생을 낳고 있으니
아~ 사랑의 씨앗이여,
사는 것도 고귀한 인생이니
짧은 세월 황혼이 코앞에 걸렸다고
걱정하지 마라

다람쥐 쳇바퀴 돌리듯
사는 인생살이
무거운 짐을 지고 헤맬 때도 있고
가벼운 짐을 지고
쉽게 넘어갈 때도 있으니
괴로우나 슬플 때나 참고 견디다 보면
잠시 쉬었다 가는 인생이 있지 아니한가?

잘 사나 못 사나 세월은 흘러가니
고갯길 넘어간다고
괴로워하지도 말고 슬퍼하지도 말고
그럭저럭 물 흘러가듯 살다보면

삶의 어두움이 드리울 때
미련도 아쉬움도 없이 떠나가는 것이
인생살이가 아닌가?

어둠 속으로 숨어버린 붉은 해처럼
언젠가는 허공에 높이 떠서
바람에 밀려가듯 사라져 갈 인생길
마음속에 사랑의 꽃씨를 뿌리며
한걸음 한걸음 살다가는 인생길
아쉽다 하지 말고 하루를 소중히 가꾸며 살라.

중년의 고독

햇살 고운 가을 하늘빛에
쓸쓸함이 다가오는 저녁노을의 세상은
저 만치 앞질러 가고
이루지 못한 서러움에 귀뚜라미 울어대고
동네 어귀에 서 있는 고목은
실바람에도 힘없이 떨어지는 가랑잎
정처 없이 어디론가 떠나가고
중년에 가슴에는 쓸쓸함과 고독으로
가득 채우고
무심히 흐르는 세월 앞에 눈물이 고이고
바람 부는 거리에 가랑잎은 휘날리고
바스락거리며 걸어가는 중년의 신사는
쓸쓸함과 고독으로 햇살 굵게 접힌 마음 한 자락
가을바람과 함께 떠나보내고
다시 찾아오는 대지의 숨소리가 있기 때문에
이 가을이 있어 외롭지 않음을
천천히 단풍잎이 곱게 물들어 가듯
잠시 목을 축이고 쉬엄쉬엄 가세

덧없는 인생

서산에 해는 서서히 기울고 추풍낙엽처럼
떨어지는 인생[人生]도 그렇게 가려무나.
이루지 못한 애석함도 다 내려놓고
바람에 나부끼는 낙엽처럼 한 조각 나의 삶도
돌돌 맴을 돌지 말고 가려면 어이 가거라.
내 안에 머무르는 번뇌[煩惱]도 인생도 꿈도
희망도 다 사라진들 어떠하리.
다만, 한 세월[歲月] 거슬러 올라가 뭔가 채우지
못한 아쉬움이 남을 뿐이오.
아~ 덧없는 인생
벼랑 끝으로 떨어져 헤 맺던 세월
허망한 일에 얽매여 헛되이 보냈던 세월
부귀영화에 탐혹[耽惑] 됐던 세월
부질없던 허상과 나를 가두며 살았던 세월
아~ 인간행락[人間行樂]이 없던 삶이 허망하리
현세[現世]에 이루지 못한 꿈
내세[來世]의 세상이 오면 다시 꽃을 피우리라

그리운 내 고향

집 한 채 둘러싸인 산자락
앞산에는 뻐꾹새가 울고
뒷산에는 슬피 우는 부엉새
뒤뜰에는 메밀꽃이 활짝 피어
향기로움을 더해주고
앞마당에는 닭들이 뛰놀고 바둑이는
파리 떼를 쫓느라 분주하다.

앞마당에 흐르는
작은 시냇물 주위에는
버들강아지가 목화송이처럼
하얗게 피어올라
버들피리 부는 아이들
삼수갑산에 올라
한 줌 지고 내려오시는 아버지

어머니는 뒷산에 올라
두릅과 고사리를 뜯고
부엌으로 향하는 어머니
굴뚝에는 흰 연기가 피어오르고
파란 저녁노을은 돌아눕고

앞마당에는 썩은 지푸라기로
흰 연기를 피워 모기 떼를 쫓고
누이와 함께 마루에 누워
밤하늘의 별을 세고
풀벌레 소리와 귀뚜라미 소리는
밤하늘을 아름답게 수놓고 있는
내 고향

아~ 그립다. 나의 고향이여
풀벌레 울음소리도 그립고
죽마고우 친구들도 그립고
흙냄새도 그리운 내 고향
문명의 개발로 사라진 고향 산천이여

그대에게 할 말이 있어

초판 1쇄 인쇄	2017년 9월 12일
초판 1쇄 발행	2017년 9월 15일

지은이 : 서인석
펴낸이 : 서인석
편집·디자인 : 서인석
펴낸곳 : 도서출판 열린동해문학
〈등록 제573-2017-000013호〉
충북 청주시 청원구 상당로 232번길6
H.P : 010-7476-3801
FAX : 043) 223-3801
홈페이지 : http://cafe.daum.net/ehdgoansgkr
이메일 : yyp325@naver.com

ISBN 979-11-961259-3-6 (03800)

이 책의 판권은 저자와 출판사의 동의 없이 무단 및 복제를 금합니다
파손된 책은 구입처에서 교환하여 드립니다

이 도서의 국립중앙도서관 출판시도서목록(CIP)은 서지정보유통지원 시스템 홈페이지(http://seoji.nl.go.kr)와 국가자료공동목록시스템(http://www.nl.go.kr/kolisnet)에서 이용하실 수 있습니다
(CIP제어번호: 2017022829)